I LOVE MY MOM
TI VOGLIO BENE, MAMMA

Shelley Admont
Illustrated by Sonal Goyal, Sumit Sakhuja

www.kidkiddos.com
Copyright©2014 by S.A.Publishing ©2017 by KidKiddos Books Ltd.
support@kidkiddos.com

All rights reserved. No part of this book may be reproduced in any form or by any electronic or mechanical means, including information storage and retrieval systems, without written permission from the publisher or author, except in the case of a reviewer, who may quote brief passages embodied in critical articles or in a review.

Tutti i diritti sono riservati. Nessuna parte di questa pubblicazione può essere riprodotta, memorizzata in sistemi di recupero o trasmessa in qualsiasi forma o attraverso qualsiasi mezzo elettronico, meccanico, mediante fotocopiatura, registrazione o altro, senza l'autorizzazione del possessore del copyright.

Second edition, 2019

Translated from English by Annalisa Langone
Traduzione dall'inglese a cura di Annalisa Langone

Library and Archives Canada Cataloguing in Publication
I Love My Mom (Italian Bilingual Edition)/ Shelley Admont
ISBN: 978-1-5259-1597-0 paperback
ISBN: 978-1-77268-469-8 hardcover
ISBN: 978-1-77268-219-9 eBook

Please note that the Italian and English versions of the story have been written to be as close as possible. However, in some cases they differ in order to accommodate nuances and fluidity of each language.

For those I love the most–S.A.
Per quelli che amo di più–S.A.

Tomorrow was Mom's birthday. The little bunny Jimmy and his two older brothers were whispering in their room.

L'indomani era il compleanno della mamma. Il piccolo coniglietto Jimmy ed i suoi due fratellini più grandi stavano bisbigliando nella loro cameretta.

"Let's think," replied the oldest brother. "The present for Mom should be very special."

"Fammi pensare" replicò il fratello maggiore. "Il regalo per la mamma dovrebbe essere qualcosa di veramente speciale."

"Ahm…" Jimmy started thinking hard. Suddenly he exclaimed, "I can give her my favorite toy — my train!" He took the train out of the toy box and showed it to his brothers.

"Ehm…" Jimmy iniziò a pensare intensamente. Improvvisamente esclamò: "Posso darle il mio giocattolo preferito, il mio trenino!" Lo prese dalla scatola dei giocattoli e lo mostrò ai suoi fratelli.

"I don't think Mom likes trains," said the oldest brother. "We need another idea. Something that she will really like."

"Non penso che alla mamma interessi il tuo trenino" disse il fratello maggiore. "Abbiamo bisogno di un'altra idea. Qualcosa che possa davvero piacerle."

"We can give her a book," screamed the middle brother happily.

"Possiamo darle un libro," urlò felice l'altro fratello.

"A book? It's a perfect gift for Mom," replied the oldest brother.

"Un libro? È un regalo perfetto per la mamma" replicò il fratello maggiore.

"Yes, we can give her my favorite book," said the middle brother as he approached the bookshelf.

"Sì, possiamo darle il mio libro preferito" disse l'altro fratello avvicinandosi alla libreria.

"But Mom likes mystery books," said Jimmy sadly, "and this book is for kids."

"Ma alla mamma piacciono i gialli" disse Jimmy con tono triste, "e questo libro è per bambini."

"I guess you're right," agreed his middle brother. "What should we do?"

"Hai ragione" concordò l'altro fratello. "Che cosa potremmo fare?"

The three bunny brothers were sitting and thinking quietly, until the oldest brother finally said,

I tre fratellini coniglietto rimasero seduti a pensare senza far rumore, fino a quando, finalmente, il più grande disse:

"There is only one thing that I can think of. Something that we can do by ourselves, like a card."

"C'è solo una cosa che mi viene in mente. Qualcosa che possiamo fare con le nostre mani, ad esempio un bigliettino d'auguri."

"We can draw millions of millions of hearts and kisses," said the middle brother.

"Possiamo disegnare milioni di milioni di cuori e baci" disse il secondogenito.

They all became very excited and started to work.

Cominciarono subito a lavorare con entusiasmo.

Three bunnies worked very hard. They cut and glued, folded and painted.

I tre coniglietti lavorarono tanto. Iniziarono a tagliare, incollare, piegare e dipingere.

Jimmy and his middle brother drew hearts and kisses. When they finished, they added more hearts and even more kisses.

Jimmy e il secondogenito disegnarono i cuori e i baci. Alla fine, aggiunsero ancora altri cuori ed altri baci.

Then the oldest brother wrote in large letters:

Poi il fratello maggiore scrisse con lettere grandi:

"Happy birthday, Mommy! We love you soooooooo much. Your kids."

"Buon compleanno, Mamma! Ti vogliamo taaaaaaaaaaaaanto bene. I tuoi piccoli."

Finally, the card was ready. Jimmy smiled.

Finalmente il bigliettino d'auguri era pronto. Jimmy sorrise.

"I'm sure Mom will like it," he said, wiping his dirty hands on his pants.

"Sono sicuro che alla mamma piacerà" disse strofinando le mani sporche sui suoi pantaloni.

"Jimmy, what are you doing?" screamed the oldest brother. "Don't you see your hands are covered in paint and glue?"

"Jimmy, cosa stai facendo?" urlò il fratello maggiore. "Non hai visto che le tue mani sono piene di colla e di pittura?"

"Oh, oh…" said Jimmy. "I didn't notice. Sorry!"

"Oh, oh…" disse Jimmy. "Non me ne ero accorto. Mi dispiace!"

"Now Mom has to do laundry on her own birthday," added the oldest brother, looking at Jimmy strictly.

"Ora la mamma dovrà fare il bucato il giorno del suo compleanno" aggiunse il fratello maggiore guardando in maniera severa Jimmy.

"No way! I won't let this happen!" exclaimed Jimmy. "I'll wash my pants myself." He headed into the bathroom.

"Nemmeno per sogno! Non lascerò che succeda!" esclamò Jimmy. "Laverò da solo i miei pantaloni." Cominciò ad andare verso il bagno.

Together they washed all the paint and glue from Jimmy's pants and hung them to dry.

Insieme lavarono i pantaloni di Jimmy togliendo colla e pittura e li misero ad asciugare.

On the way back to their room, Jimmy gave a quick glance into living room and saw their Mom there.

Tornando verso la loro cameretta, Jimmy buttò un'occhiata nel soggiorno e vide che la loro mamma era lì.

"Look, Mom is sleeping on the couch," whispered Jimmy to his brothers.

"Guardate, mamma sta dormendo sul divano" sussurrò Jimmy ai suoi fratelli.

"I'll bring my blanket," said the older brother who ran back to their room.

"Le porterò la mia coperta" disse il fratello maggiore correndo verso la loro cameretta.

Jimmy was standing and looking at his Mom sleeping.

Jimmy si fermò ad osservare la sua mamma mentre dormiva.

In that moment he realized what the perfect gift for their Mom should be.

In quel momento, sorridendo, realizzò quale sarebbe stato il regalo perfetto per la loro mamma.

"I have an idea!" said Jimmy when the oldest brother came back with the blanket.

"Ho un'idea!" disse Jimmy, mentre il fratello maggiore tornava con la coperta.

He whispered something to his brothers and all three bunnies nodded their heads, smiling widely.

Gli bisbigliò qualcosa e tutti e tre i coniglietti, sorridendo intensamente, fecero un cenno di assenso con la loro testa.

Quietly they approached the couch and covered their Mom with the blanket.

Senza fare rumore, si avvicinarono al divano e coprirono la loro mamma con la coperta.

Each of them kissed her gently and whispered, "We love you, Mommy."

Ognuno di loro le diede un bacino delicato e le sussurrarono "Mamma, ti vogliamo tanto bene."

Mom opened her eyes. "Oh, I love you too," she said, smiling and hugging her sons.

La mamma aprì gli occhi. "Oh, anche io vi voglio tanto bene" disse sorridendo ed abbracciando i suoi piccoli.

The next morning, the three bunny brothers woke up very early to prepare their surprise present for Mom.

La mattina successiva i tre fratellini coniglietto si alzarono molto presto per preparare il regalo a sorpresa per la mamma.

They brushed their teeth, made their beds perfectly and checked that all the toys were in place.

Si lavarono i denti, sistemarono perfettamente i loro letti e controllarono che tutti i giocattoli fossero in ordine.

After that, they headed to the living room to clean the dust and wash the floor.

A quel punto, si diressero nel soggiorno per togliere la polvere e lavare a terra.

Next, they came into the kitchen.

Poi andarono in cucina.

"I'll prepare Mom's favorite toasts with strawberry jam," said the oldest brother, "and you, Jimmy, can make her fresh orange juice."

"Preparerò il toast preferito della mamma con la marmellata di fragole" disse il fratello maggiore "e tu, Jimmy, puoi preparare il suo succo di arancia fresco."

"I'll bring some flowers from the garden," said the middle brother who went out the door.

"Prenderò qualche fiore dal giardino" disse l'altro fratello uscendo dalla porta.

When breakfast was ready, the bunnies washed all the dishes and decorated the kitchen with flowers and balloons.

Dopo aver preparato la colazione, i coniglietti lavarono tutti i piatti e decorarono la cucina con fiori e palloncini.

The happy bunny brothers entered Mom and Dad's room holding the birthday card, the flowers and the fresh breakfast.

I tre fratellini coniglietto felici entrarono nella camera della mamma e del papà con il bigliettino d'auguri, i fiori e la colazione pronta.

Mom was sitting on the bed. She smiled as she heard her sons singing "Happy Birthday," while they entered the room.

La mamma era seduta sul letto. Sorrise non appena cominciò ad udire i suoi figlioletti cantarle "Buon compleanno" mentre entravano nella camera.

"We love you, Mom," they screamed all together.

Tutti insieme urlarono: "Mamma, ti vogliamo tanto bene."

"It's my best birthday ever!" said Mom, kissing all her sons.

"Questo è il compleanno più bello che abbia mai festeggiato!" disse la mamma baciando i suoi piccoli.

"You haven't seen everything yet," said Jimmy with a wink to his brothers. "You should check the kitchen and the living room!"

"Non hai ancora visto tutto" disse Jimmy facendo l'occhiolino ai suoi fratelli. "Dovresti controllare la cucina e il soggiorno!"

www.ingramcontent.com/pod-product-compliance
Lightning Source LLC
LaVergne TN
LVHW072005060526
838200LV00010B/289